Impressum
Verlag: BABADADA GmbH, Nedderfeld 112 , 22529 Hamburg
Geschäftsführer / Verlagsleitung: Harald Hof
Druck: Books on Demand GmbH, In de Tarpen 42, 22848 Norderstedt

Imprint
Publisher: BABADADA GmbH, Nedderfeld 112 , 22529 Hamburg, Germany
Managing Director / Publishing direction: Harald Hof
Print: Books on Demand GmbH, In de Tarpen 42, 22848 Norderstedt, Germany

mokykla

اسکول

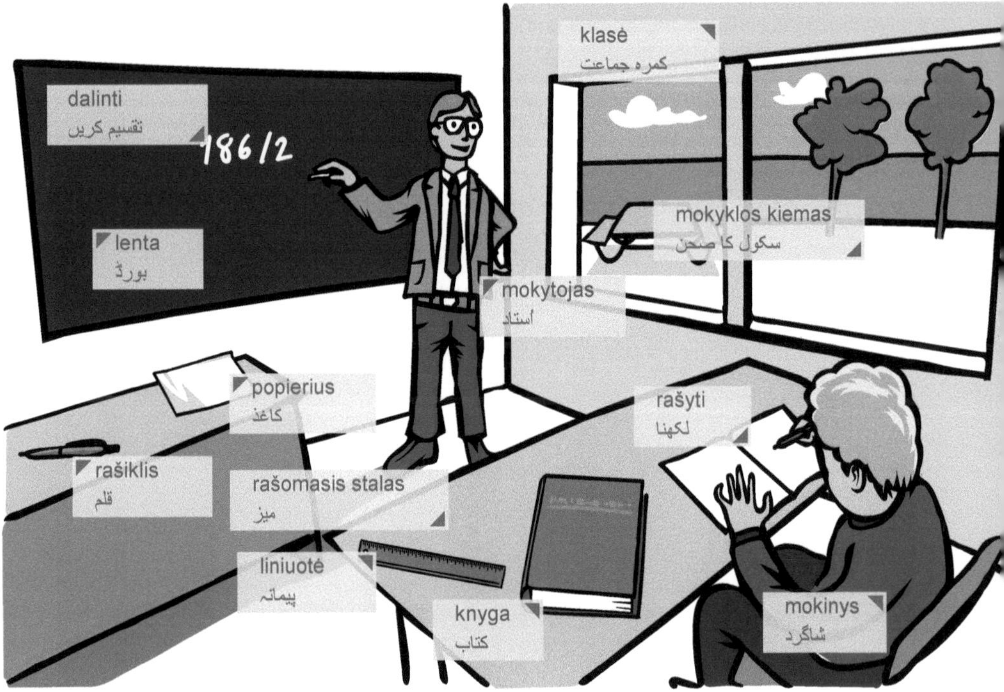
klasė
کمرہ جماعت
dalinti
تقسیم کریں
186/2
lenta
بورڈ
mokyklos kiemas
سکول کا صحن
mokytojas
اُستاد
popierius
کاغذ
rašyti
لکھنا
rašiklis
قلم
rašomasis stalas
میز
liniuotė
پیمانہ
knyga
کتاب
mokinys
شاگرد

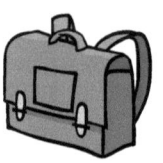

kuprinė

بستہ

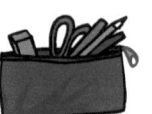

penalas

پینسل کیس

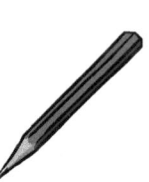

pieštukas

پینسل

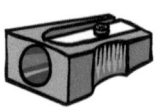

drožtukas

پینسل شارپنر

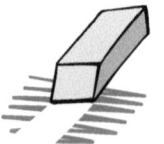

trintukas

ربڑ

piešimo bloknotas

ڈرائنگ پیڈ

piešinys

ڈراننگ

teptukas

پینٹ برش

dažų dėžutė

پینٹ باکس

žirklės

قینچی

klijai

گوند

vadovėlis

مشق کی کاپی

namų darbai

ہوم ورک

numeris

ہندسہ

pridėti

جمع کریں

atimti

منفی کریں

dauginti

ضرب دیں

skaičiuoti

شمارکریں

raidė

خط

abėcėlė

حروف تہجی

žodis

لفظ

tekstas

متن

skaityti

پڑھنا

kreida

چاک

pamoka

سبق

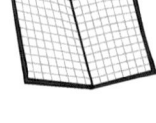

dienynas

اندراج

egzaminas

امتحان

pažymėjimas

سند

mokyklinė uniforma

سکول یونیفارم

išsilavinimas

تعلیم

enciklopedija

انسائیکلوپیڈّیا

universitetas

یونیورسٹی

mikroskopas

خورد بین

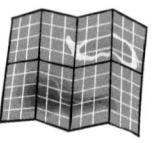

žemėlapis

نقّشہ

šiukšliadėžė

ویسٹ پیپرباسکٹ

kelionė
سفر

viešbutis
ہوٹل
Grand
svečių namai
ہاسٹل
ROOMS
EXCHANGE
valiutos keitykla
رقم تبدیل کرانے کیلئے دفتر
lagaminas
سوٹ کیس
mašina
کار

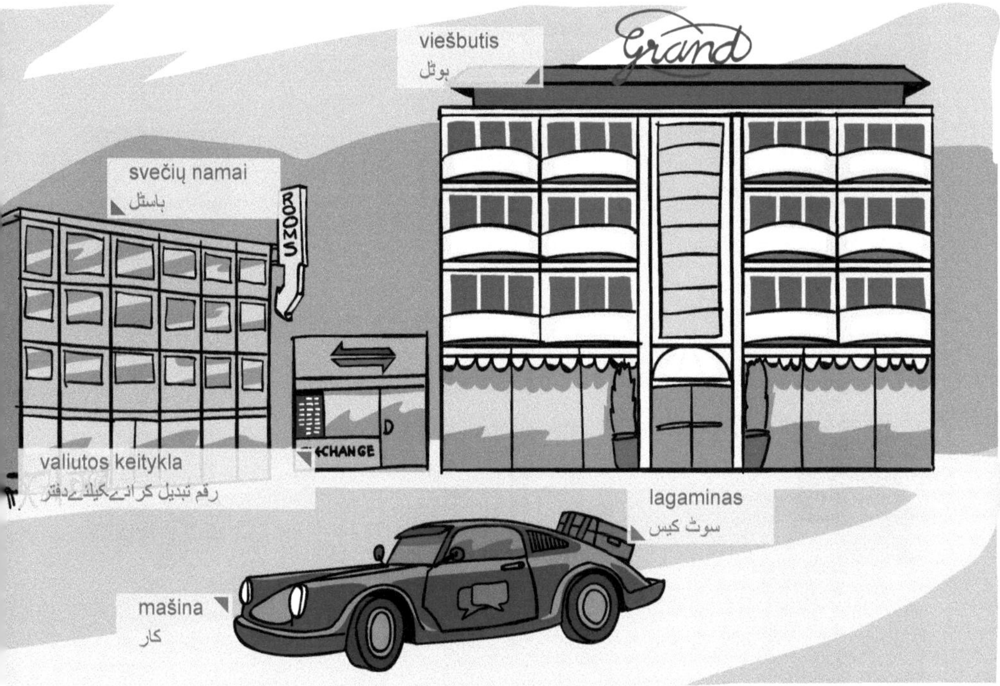

kalba
زبان

taip / ne
ہاں / نہیں

Gerai
ٹھیک ہے

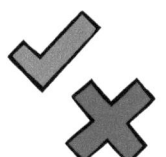

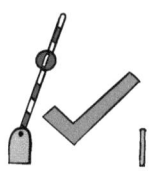

sveiki
ہیلو

vertėjas raštu
مُترجم

Ačiū
شُکریہ

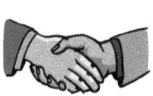

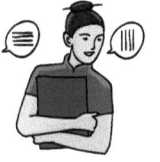

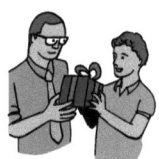

kiek kainuoja...?

‏--- کی کیا قیمت ہے؟‏

aš nesuprantu

‏میں نہیں سمجھتا‏

problema

‏مشکل‏

Labas vakaras!

‏شام بخیر!‏

Labas rytas!

‏صبح بخیر!‏

Labos nakties!

‏شب بخیر!‏

viso gero

‏الوداع‏

kryptis

‏سمت‏

bagažas

‏سفری سامان‏

krepšys

‏بیگ‏

kuprinė

‏بیگ پیک‏

svečias

‏مہمان‏

kambarys

‏کمرہ‏

miegmaišis

‏سلیپنگ بیگ‏

palapinė

‏ٹینٹ‏

turizmo informacija

سياحوں کے لئے معلومات

paplūdimys

ساحل

kreditinė kortelė

کریڈٹ کارڈ

pusryčiai

ناشتہ

pietūs

لنچ

vakarienė

ڈنر

bilietas

ٹکٹ

liftas

لفٹ

pašto ženklas

مُہر

siena

سرحد

muitinė

کسٹمز

ambasada

سفارت خانہ

viza

ویزا

pasas

پاسپورٹ

transportas

نقل وحمل

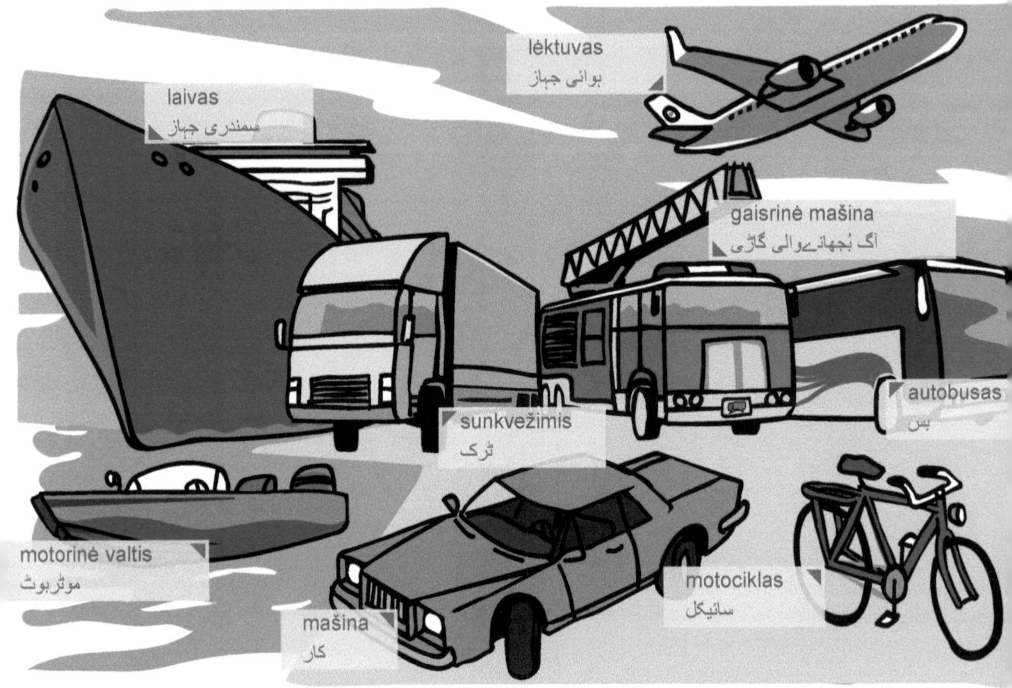

lėktuvas
ہوائی جہاز
laivas
سمندری جہاز
gaisrinė mašina
آگ بُجھانےوالی گاڑی
autobusas
بس
sunkvežimis
ٹرک
motorinė valtis
موٹربوٹ
motociklas
سائیکل
mašina
کار

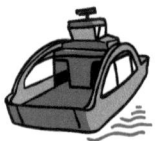

keltas

فیری

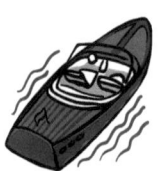

valtis

کشتی

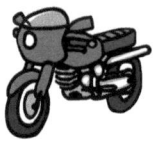

mopedas

موٹرسائیکل

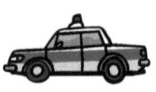

policijos automobilis

پولیس کار

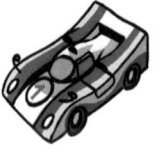

lenktyninis automobilis

ریسنگ کار

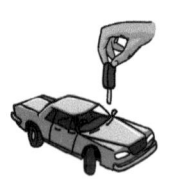

nuomojamas automobilis

کرایہ پرکار

bendras automobilio
naudojimas

کارکا اشتراک کرنا

techninės pagalbos
automobilis

کھینچنےوالا ٹرک

šiukšliavežė

کوڑے والا ٹرک

variklis

کار

degalai

ایندھن

degalinė

پٹرول اسٹیشن

kelio ženklas

ٹریفک کے نشانات

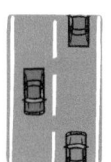

eismas

ٹریفک

eismo spūstis

ٹریفک جام

našinų stovėjimo aikštelė

کارپارک

traukinių stotis

ٹرین اسٹیشن

bėgiai

پٹڑیاں

traukinys

ٹرین

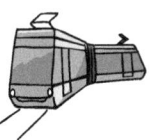

tramvajus

ٹرام

vagonas

ویگن

sraigtasparnis

بیلی کاپٹر

oro uostas

ائرپورٹ

bokštas

ٹاور

keleivis

مسافر

konteineris

کنٹینر

dėžė

ڈبہ

vežimėlis

ریڑھا

krepšys

ٹوکری

pakilti / nusileisti

اڑان بھرنا / زمین پراترنا

miestas

kaimas

گاؤں

miesto centras

سٹی سنٹر

namas

مکان

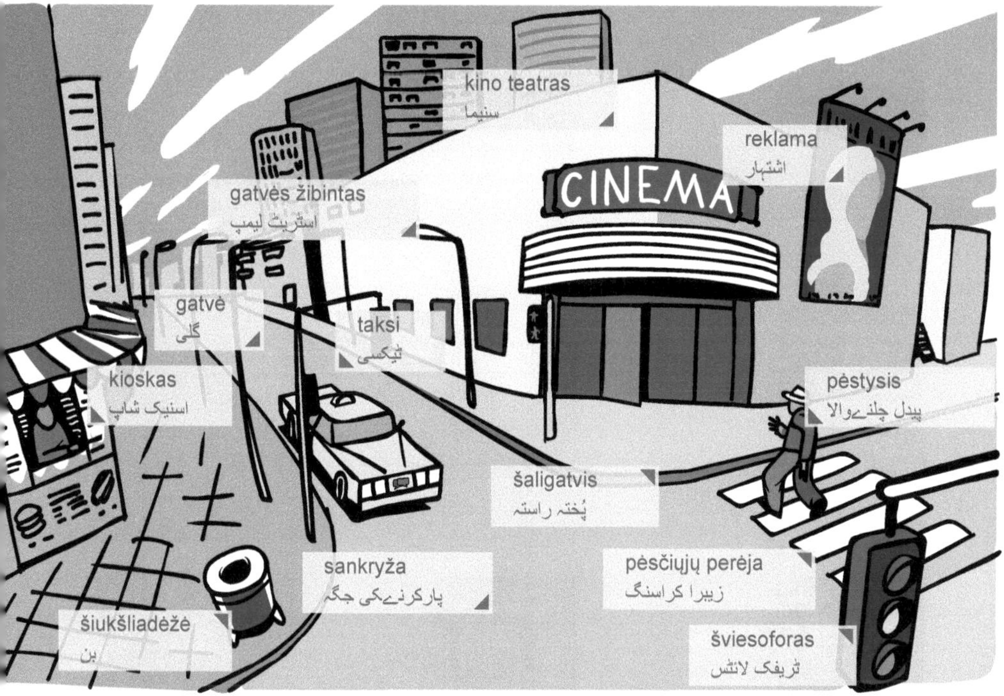
CINEMA
kino teatras
سنیما
reklama
اشتہار
gatvės žibintas
اسٹریٹ لیمپ
gatvė
گلی
taksi
ٹیکسی
kioskas
اسنیک شاپ
pėstysis
پیدل چلنے والا
šaligatvis
پُختہ راستہ
sankryža
پارکرنےکی جگہ
pėsčiųjų perėja
زیبرا کراسنگ
šiukšliadėžė
بن
šviesoforas
ٹریفک لائٹس

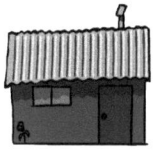

trobelė

ہٹ

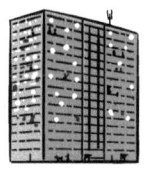

butas

فلیٹ

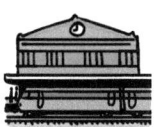

traukinių stotis

ٹرین اسٹیشن

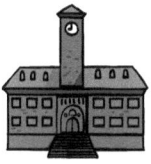

rotušė

ٹاؤن ہال

MUSEUM

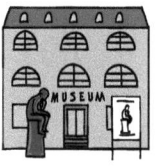

muziejus

عجائب گھر

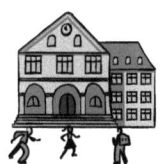

mokykla

اسکول

universitetas

یونیورسٹی

bankas

بینک

ligoninė

ہسپتال

viešbutis

ہوٹل

vaistinė

فارمیسی

biuras

دفتر

knygynas

کتابوں کی دکان

parduotuvė

دکان

gėlių parduotuvė

پھولوں کی دُکان

prekybos centras

سُپرمارکیٹ

turgus

مارکیٹ

universalinė parduotuvė

ڈیپارٹمنٹ سٹور

žuvies parduotuvė

مچھلی کی دُکان

prekybos centras

شاپنگ سنٹر

uostas

بندرگاہ

parkas

پارک

suoliukas

بنچ

tiltas

پُل

laiptai

سیڑھیاں

metro

انڈرگراؤنڈ

tunelis

سرُنگ

autobusų stotelė

بس اسٹاپ

baras

شراب خانہ

restoranas

ریسٹورنٹ

lauko pašto dėžutė

پوسٹ باکس

kelio ženklas

اسٹریٹ سائن

parkomatas

پارکنگ میٹر

zoologijos sodas

چڑیا گھر

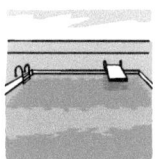

baseinas

سونمنگ پول

mečetė

مسجد

ūkininko ūkis

کھیت

tarša

آلودگی

kapinės

قبرستان

bažnyčia

چرچ

žaidimų aikštelė

کھیل کا میدان

šventykla

مندر

kraštovaizdis

منظر

lapas
پتّہ

kelio rodyklė
رہنمائی کرنے والے لگا ہوا بورڈ

kelias
راستہ

pieva
سبزہ زار

akmuo
پتھر

medis
درخت

ėjikas
پیدل چلنے والا، بائکر

upė
دریا

žolė
گھاس

gėlė
پھول

slėnis
وادی

kalva
پہاڑی

ežeras
جھیل

miškas
جنگل

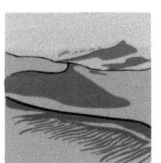

dykuma
صحرا

ugnikalnis
آتش فشاں

pilis
قلعہ

vaivorykštė
قوس قزح

grybas
کھمبی

palmė
کجھورکا درخت

uodas
مچھر

musė
مکھی

skruzdėlė
چیونٹی

bitė
مکھی

voras
مکڑا

vabalas

بھونرا

varlė

مینڈک

voverė

گلہری

ežys

خارپُشت

kiškis

خرگوش

pelėda

الو

paukštis

پرندہ

gulbė

راج ہنس

šernas

سؤر

elnias

ہرن

briedis

امریکی بارہ سنگھا

užtvanka

ڈیم

vėjo jėgainė

ہوا سےچلنےوالی ٹربائین

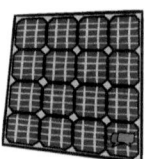

saulės baterija

سولرپینل

klimatas

آب وہوا

restoranas
ریسٹورنٹ

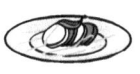

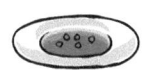

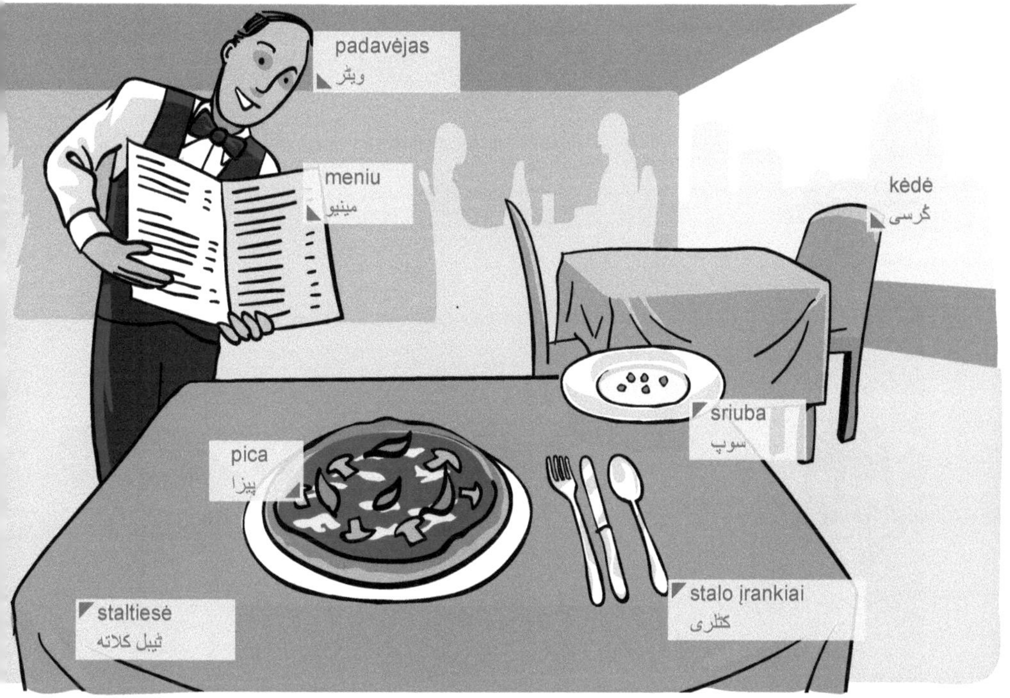
padavėjas
ویٹر
meniu
مینیو
kėdė
کُرسی
sriuba
سوپ
pica
پیزا
staltiesė
ٹیبل کلاتھ
stalo įrankiai
کٹلری

užkandis

اسٹارٹر

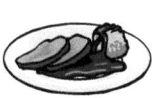

pagrindinis patiekalas

مین کورس

desertas

ڈیزرٹ

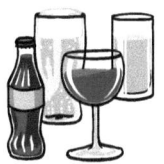

gėrimai

مشروبات

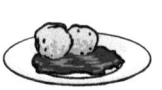

maistas

کھانےکی اشیاء

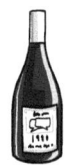

butelis

بوتل

greitai pateikiamas maistas

فاسٹ فوڈ

gatvės maistas

اسٹریٹ فوڈ

arbatinukas

چائےدانی

cukrinė

شوگرباکس

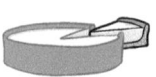

porcija

حصہ

espreso aparatas

ایسپریسو مشین

aukšta kėdė

اونچی کرسی

sąskaita

بل

padėklas

ٹرے

peilis

چھُری

šakutė

کانٹا

šaukštas

چمچ

arbatinis šaukštelis

چائےکا چمچ

servetėlė

سرویینیٹی

stiklinė

شیشہ

lėkštė

پلیٹ

sriubos lėkštė

سوپ پلیٹ

padėklas

طشتری

padažas

چٹنی

druskinė

سالٹ شیکر

pipirų malūnėlis

پیپرمل

actas

سرکہ

aliejus

خوردنی تیل

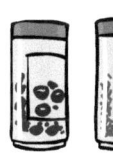

prieskoniai

مصالحے

kečupas

کیچپ

garstyčios

سرسوں

majonezas

مینونیز

prekybos centras

سُپرمارکیٹ

specialus pasiūlymas
خصوصی پیشکش
pirkėjas
گاہک
pieno produktai
ڈیری
vaisiai
پھل
troleibusas
ٹرالی
FOR

BUTCHERS

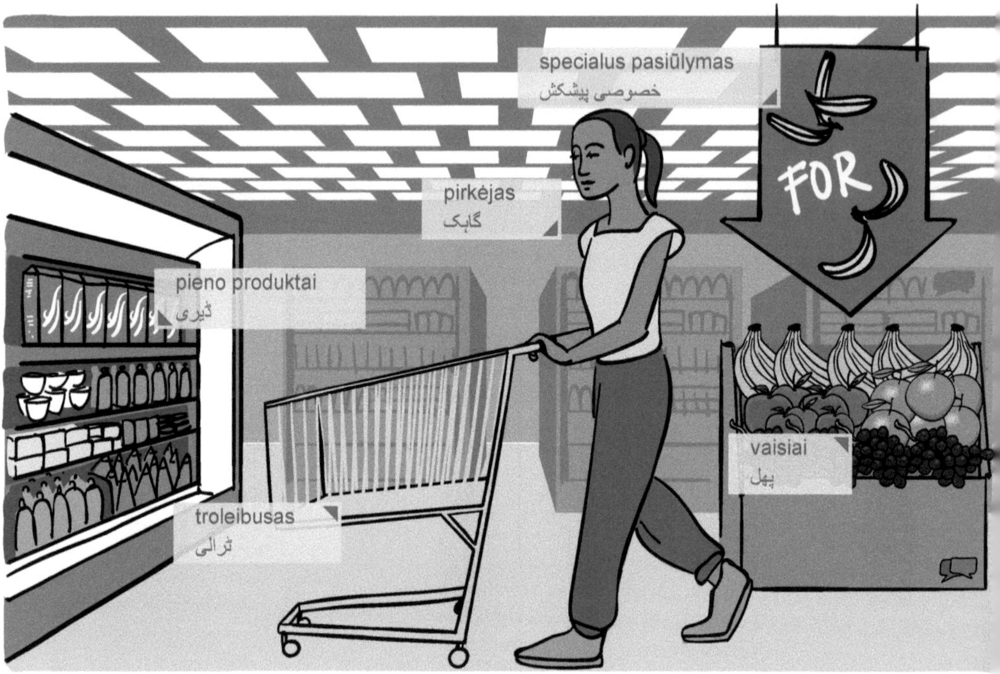

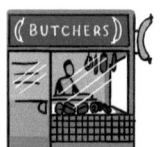

mėsos parduotuvė

گوشت کی دُکان

BAKERY

kepykla

بیکری

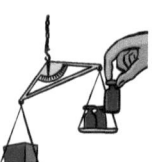

sverti

وزن کرنا

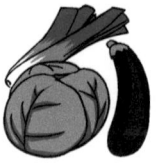

daržovės

سبزیاں

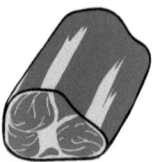

mėsa

گوشت

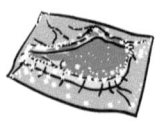

šaldytas maistas

جما ہوا کھانا

šalti mėsos užkandžiai

کولڈ کٹس

konservai

ڈبے میں بند کھانا

skalbimo milteliai

واشنگ پاؤڈر

saldumynai

مٹھائیاں

ūkinės prekės

گھریلو مصنوعات

valymo priemonės

صاف کرنے کیلئے مصنوعات

pardavėja

سیلز پرسن

kasos aparatas

کیش رجسٹر

kasininkas

کیشنیر

pirkinių sąrašas

خریداری کی فہرست

darbo valandos

اوقات کار

piniginė

بٹوہ

kreditinė kortelė

کریڈٹ کارڈ

maišelis

تھیلا

plastikinis maišelis

پلاسٹک کے تھیلے

vanduo

پانی

sultys

جوس، رس

pienas

دودھ

kola

کوک

vynas

وائن

alus

بیئر

alkoholis

الکوحل

kakava

کوکوآ

arbata

چائے

kava

کافی

espresas

ایسپریسو

kapučinas

کیپاچینو

bananas

کیلا

obuolys

سیب

apelsinas

مالٹا

arbūzas

خربوزہ

citrina

لیموں

morka

گاجر

česnakas

لہسن

bambukas

بانس

svogūnas

پیاز

grybas

کھمبی

riešutai

اخروٹ، بادام وغیرہ

makaronai

نوڈلز

spagečiai

اسپیگیٹی

ryžiai

چاول

salotos

سلاد

traškučiai

چپس

keptos bulvės

تلے گئے آلو

pica

پیزا

mėsainis

ہیم برگر

sumuštinis

سینڈوچ

pjausnys

کٹلیٹ

kumpis

سؤرکی ران کا گوشت

saliamis

گوشت کی اطالوی ساسیج

dešrelė

ساسیج

vištiena

مُرغی

kepsnys

روسٹ

žuvis

مچھلی

avižų dribsniai

جئی کا دلیہ

dribsniai su priedais

میوزلی

kukurūzų dribsniai

کارن فلیکس

miltai

آٹا

prancūziškasis ragelis

کرونیسنٹ

bandelė

بریڈ رول

duona

بریڈ

skrebutis

ٹوسٹ

sausainiai

بسکٹ

sviestas

مکھن

varškė

دہی

tortas

کیک

kiaušinis

انڈا

kiaušinienė

فرائی کیا گیا انڈہ

sūris

پنیر

ledai

آئس کریم

cukrus

چینی

medus

شہد

uogienė

جام

tepamas šokoladas

ناؤگٹ کریم

karis

سالن

ūkininko ūkis

کھیت

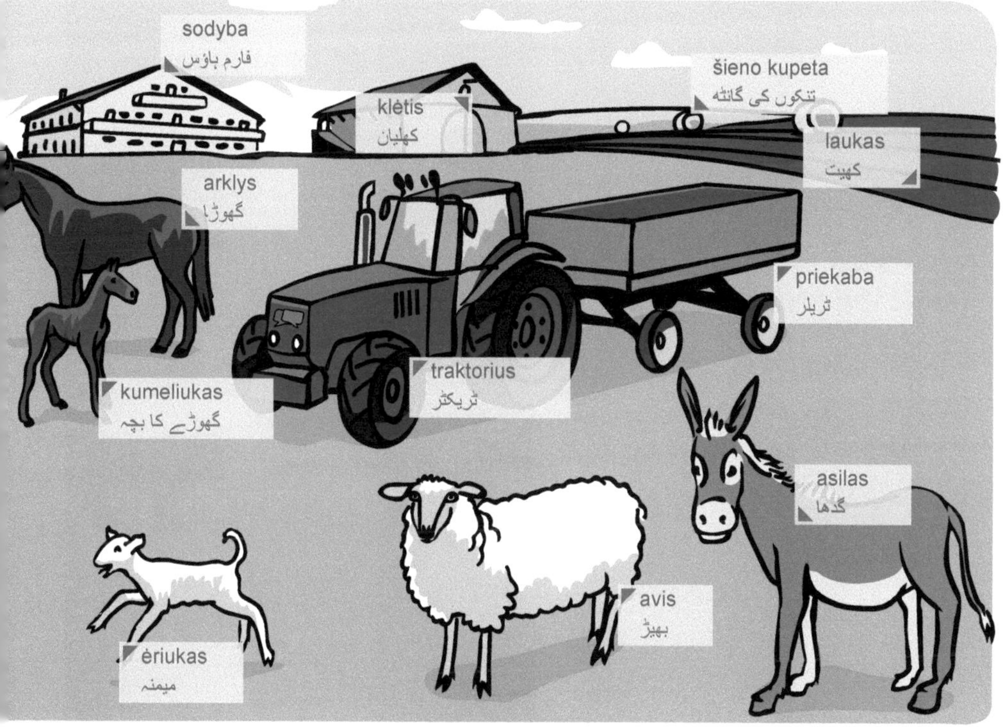

sodyba
فارم ہاؤس
klėtis
کھلیان
šieno kupeta
تنکوں کی گانٹھ
laukas
کھیت
arklys
گھوڑا
priekaba
ٹریلر
traktorius
ٹریکٹر
kumeliukas
گھوڑے کا بچہ
asilas
گدھا
avis
بھیڑ
ėriukas
میمنہ

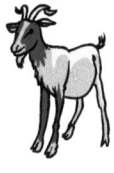

ožys

بکری

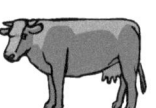

karvė

گائے

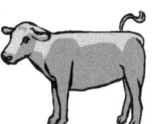

veršis

بچھڑا

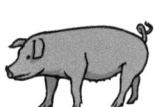

kiaulė

سؤر

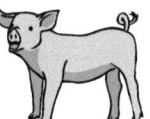

paršelis

سؤرکابچہ

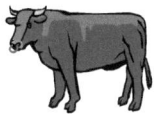

bulius

سانڈ

žąsis

راج ہنس

antis

بطخ

viščiukas

چوزہ

višta

مُرغی

gaidys

مُرغا

žiurkė

چوہا

katė

بلی

pelė

چوہا

jautis

بیلچہ

šuo

گتتا

šuns būda

گتے کا گھر

sodo namas

گارڈن ہاؤس

laistytuvas

پانی کا کین

dalgis

درانتی

plūgas

ہل

pjautuvas

درانتی

kauptukas

بیلچہ

šakės

ترنگل

kirvis

کلہاڑا

statinė

ہتہ گاڑی

lovys

حوض

bidonas

دودھ کا کین

maišas

تھیلا

tvora

باڑ

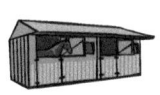

arklidė

اصطبل

šiltnamis

گرین ہاؤس

dirva

مٹی

sėkla

بیج

trąšos

فرٹیلائزر

kombainas

کمبائن ہارویسٹر

rinkti

فصل کاٹنا

derlius

فصل کاٹنا

saldžiosios bulvės

افریقی آلو

kviečiai

گندم

soja

سویا

bulvė

آلو

kukurūzai

مکئی

rapsai

توریا کا تیل

vaismedis

پھلداردرخت

manijokas

کساوا

grūdai

دلیہ

namas

مکان

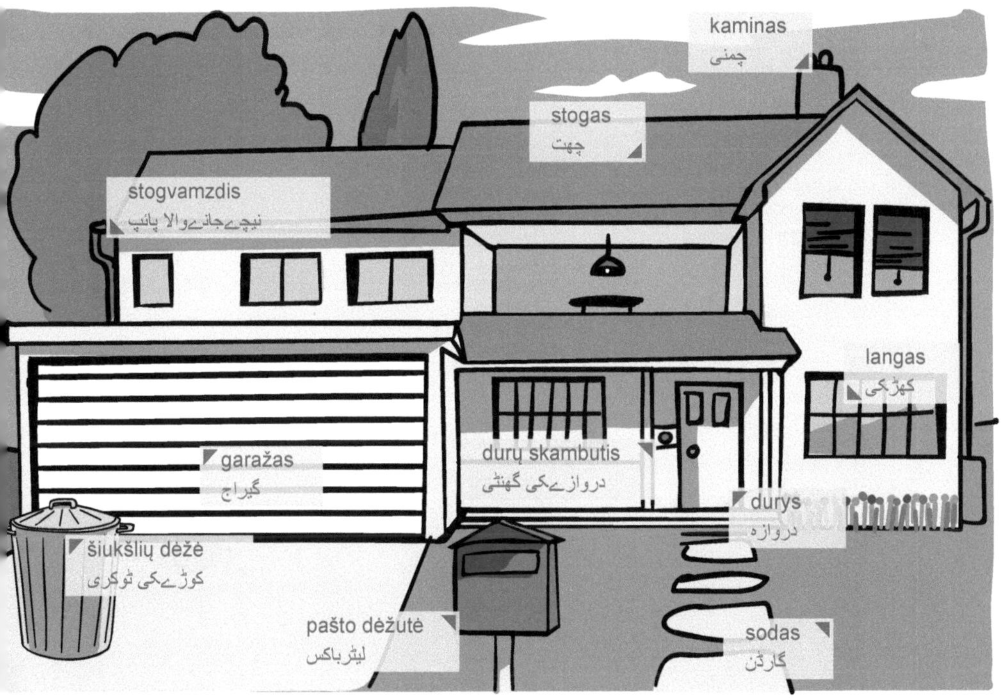

kaminas
چمنی
stogas
چھت
stogvamzdis
نیچے جانے والا پائپ
langas
کھڑکی
garažas
گیراج
durų skambutis
دروازے کی گھنٹی
durys
دروازہ
šiukšlių dėžė
کوڑے کی ٹوکری
pašto dėžutė
لیٹر باکس
sodas
گارڈن

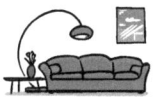

svetainė
....
لوونگ روم

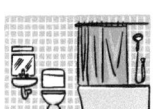

vonios kambarys
....
غُسل خانہ

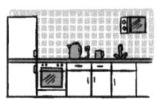

virtuvė
....
باورچی خانہ

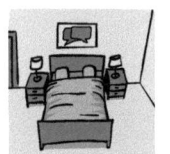

miegamasis
....
بیڈروم

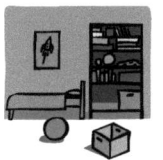

vaiko kambarys
....
بچوں کا کمرہ

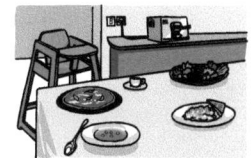

valgomasis
....
کھانے کا کمرہ

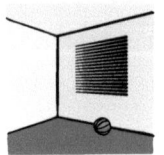

grindys

فرش

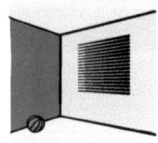

siena

دیوار

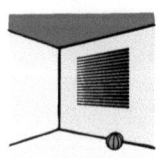

lubos

چھت

rūsys

تہ خانہ

sauna

سوانا

balkonas

بالکونی

terasa

ٹیریس

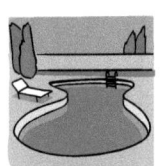

baseinas

پول

žoliapjovė

گھاس کاٹنے کی مشین

paklodė

چادر

lovatiesė

چادر

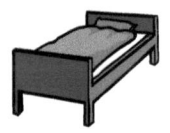

lova

بستر

šluota

جھاڑو

kibiras

بالٹی

jungiklis

سوئچ

svetainė
لوونگ روم

tapetai
وال پیپر
nuotrauka
تصویر
šviestuvas
لیمپ
lentyna
شیلف
spintelė
الماری
televizorius
ٹیلی ویژن
židinys
آتش دان
gėlė
پھول
pagalvėlė
کُشن
sofa
صوفہ
vaza
گلدان
nuotolinio valdymo pultelis
ریموٹ کنٹرول

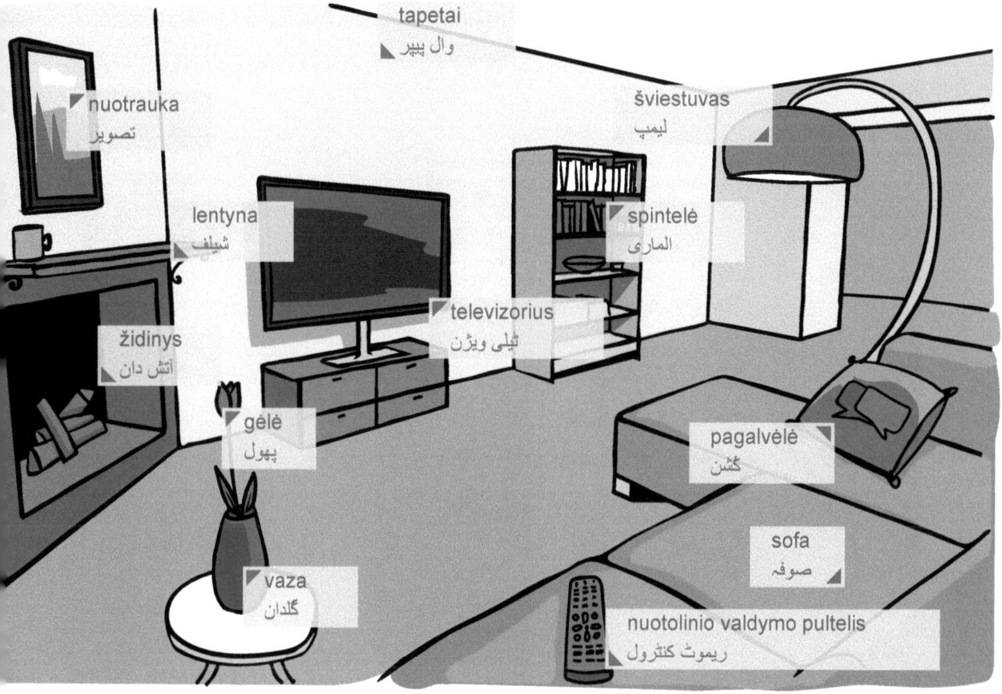

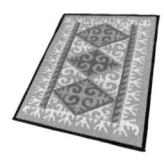

kilimas

قالین

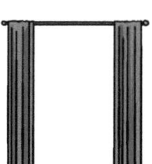

užuolaida

پردے

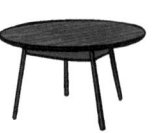

stalas

میز

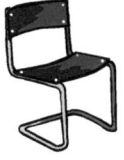

kėdė

کُرسی

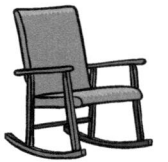

supamasis krėslas

ہلنےوالی کُرسی

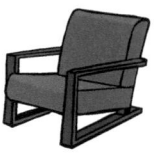

fotelis

آرام کُرسی

knyga

كتاب

antklodė

كمبل

papuošimai

آرائش

malkos

جلانے کی لکڑی

filmas

فلم

stereo aparatūra

ہائی فائی

raktas

چابی

laikraštis

اخبار

paveikslas

پینٹنگ

plakatas

پوسٹر

radijas

ریڈیو

užrašų knygelė

نوٹ بُک

dulkių siurblys

ویکیوم کلینر

kaktusas

کیکٹس

žvakė

موم بتی

virtuvė

باورچی خانہ

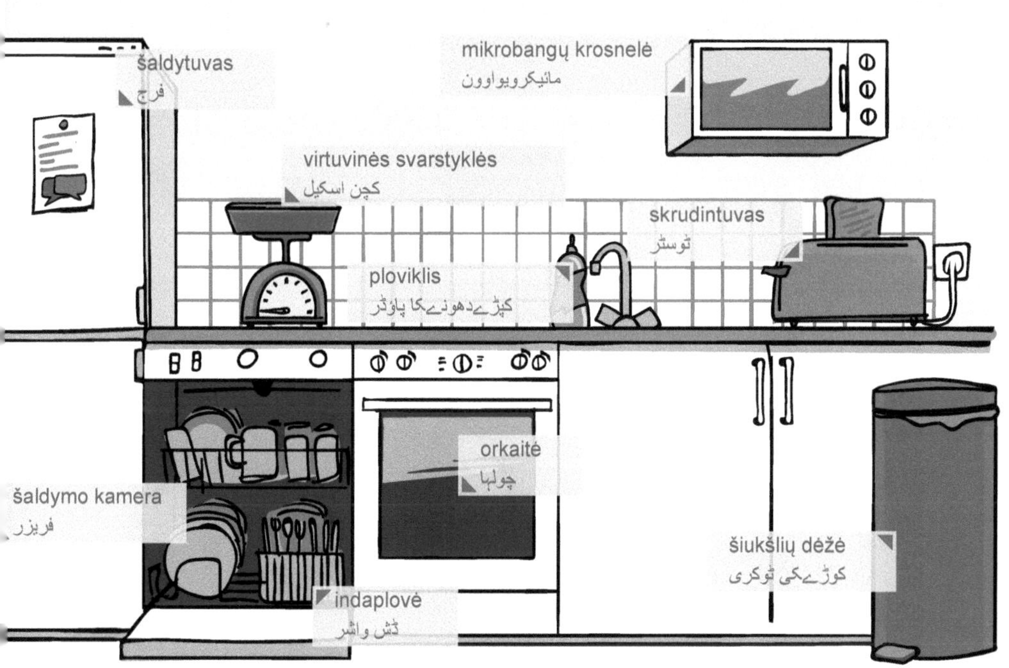

šaldytuvas
فرج
mikrobangų krosnelė
مائیکروویواوون
virtuvinės svarstyklės
کچن اسکیل
skrudintuvas
ٹوسٹر
ploviklis
کپڑےدھونےکا پاؤڈر
orkaitė
چولہا
šaldymo kamera
فریزر
šiukšlių dėžė
کوڑےکی ٹوکری
indaplovė
ڈش واشر

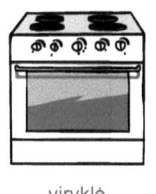

viryklė

ڈکر

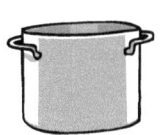

puodas

برتن

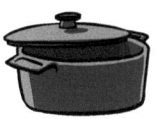

ketaus puodas

لوہےکا برتن

„wok“ keptuvė

کڑاہی

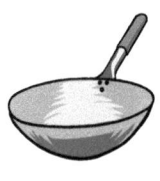

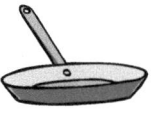

keptuvė

برتن

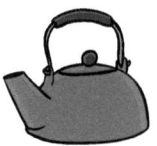

virdulys

کیتلی

garų puodas

استيمر

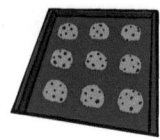

kepimo skarda

بیکنگ ٹرے

porceliano indai

کراکری

puodelis

مگ

dubuo

پیالہ

valgomosios lazdelės

چاپ اسٹکس

samtis

ڈوئی

mentelė

کفچہ

plaktuvas

جھاڑودینا

koštuvas

مقطر

sietas

چھلنی

trintuvė

گریٹر

grūstuvė

کونڈی

kepsninė

باربی کیو

atvira liepsna

کھلی آگ

pjaustymo lentelė

چاپنگ بورڈ

kočėlas

بیلن

kamščiatraukis

کارک اسکریو

skardinė

کین

skardinių atidarytuvas

کین اوپنر

puodkėlė

برتن پکڑنےوالا کپڑا

kriauklė

سنک

šepetys

برش

kempinė

اسپونج

trintuvas

بلینڈر

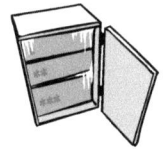

šaldiklis

ڈیپ فریز

kūdikių buteliukas

بچےکی بوتل

čiaupas

ٹونٹی

vonios kambarys
غُسل خانہ

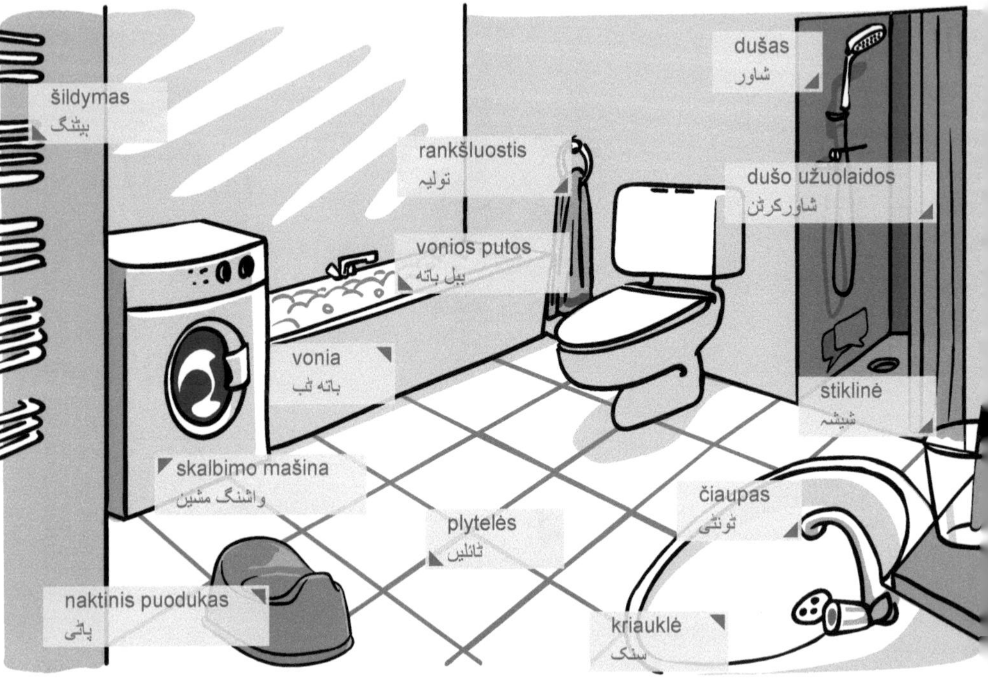

šildymas
ہیٹنگ
rankšluostis
تولیہ
dušas
شاور
dušo užuolaidos
شاورکرٹن
vonios putos
ببل باتھ
vonia
باتھ ٹب
stiklinė
شیشہ
skalbimo mašina
واشنگ مشین
plytelės
ٹائلیں
čiaupas
ٹونٹی
naktinis puodukas
پاٹی
kriauklė
سنک

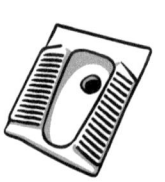

unitazas
ٹائلٹ

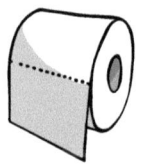

tupimasis unitazas
دوزانوں بیٹھنےوالی ٹائلٹ

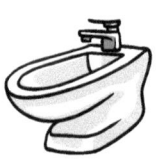

bidė
نچلاحصہ دھونےکیلئےپاٹ

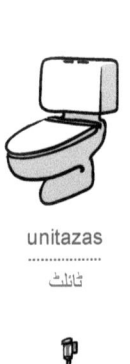

pisuaras
پیشاب گاہ

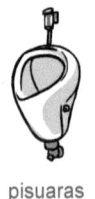

tualetinis popierius
ٹائلٹ پیپر

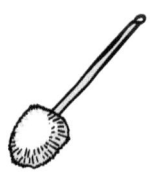

unitazo šepetys
ٹائلٹ برش

dantų šepetėlis

ٹوتھ برش

dantų pasta

ٹوتھ پیسٹ

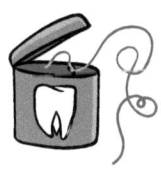

dantų siūlas

ڈینٹل فلاس

plauti

دھونا

dušo galvutė

ہینڈ شاور

higieninis dušas

شاور

praustuvas

بیسن

nugaros plaušinė

بیک برش

muilas

صابن

dušo želė

شاورجل

šampūnas

شیمپو

plaušinė

فلالین

kanalizacija

ڈرین

kremas

کریم

dezodorantas

ڈیوڈورنٹ

veidrodis

آئینہ

veidrodėlis

ہاتھ میں پکڑا جانےوالا آئینہ

skustuvas

ریزر

skutimosi putos

شیونگ فوم

losjonas po skutimosi

آفٹر شیو

šukos

کنگھی

šepetys

برش

plaukų džiovintuvas

ہیئرڈرائر

plaukų lakas

ہیئراسپرے

makiažas

میک اپ

lūpdažis

لپ اسٹک

nagų lakas

نیل وارنش

vata

روئی

žirklutės nagams

ناخن کاٹنےکی قینچی

kvepalai

پرفیوم

maišelis skalbiniams

واش بيگ

taburetė

پاخانہ

svarstyklės

وزن کرنےکی مشین

chalatas

باتھ روب

guminės pirštinės

ربڑکے دستانے

tamponas

ٹیمپون

higieninis įklotas

سینیٹری ٹاول

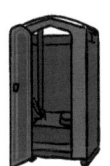

biotualetas

کیمیکل ٹائلٹ

vaiko kambarys

بچوں کا کمرہ

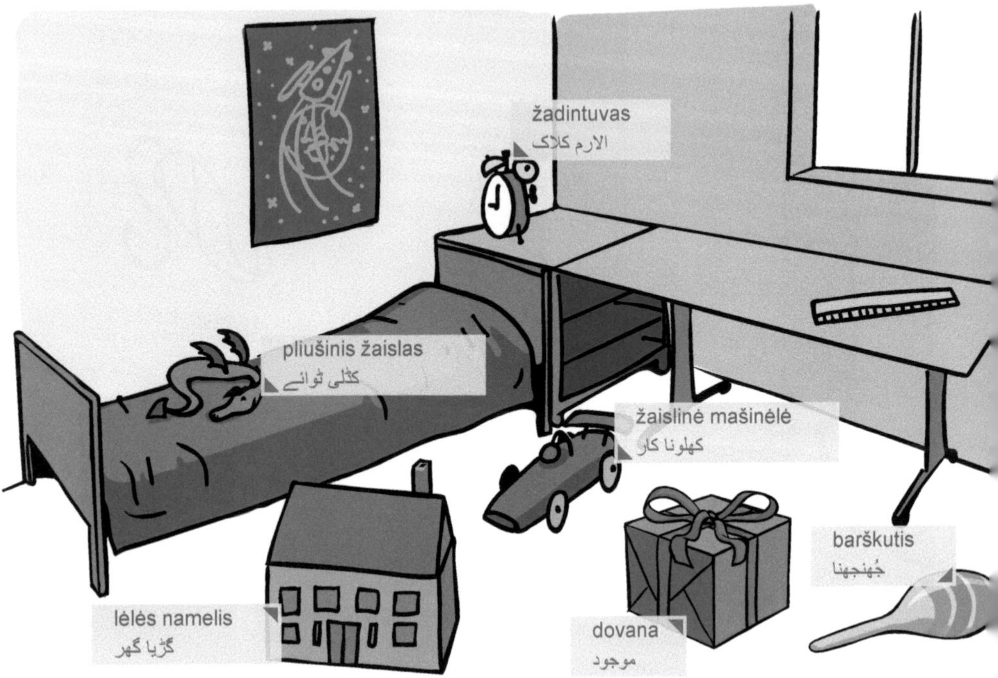

žadintuvas
الارم کلاک
pliušinis žaislas
کڈلی ٹوائے
žaislinė mašinėlė
کھلونا کار
barškutis
جُھنجھنا
lėlės namelis
گڑیا گھر
dovana
موجود

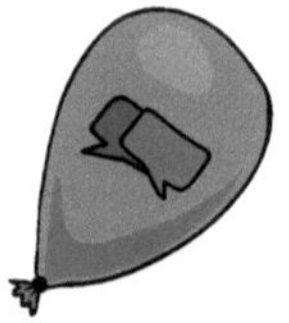

balionas

غبارہ

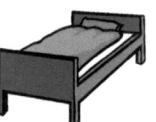

lova

بستر

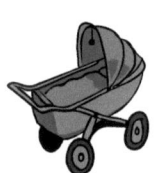

vaikiškas vežimėlis

پرام

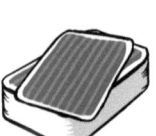

kortų malka

ڈیک آف کارڈز

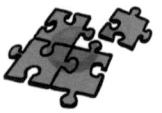

delionė

جگسا

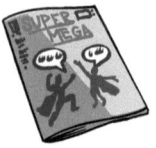

komiksai

کامک

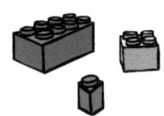

lego kaladėlės

لیگوبرکس

žaislinės kaladėlės

کھلونا بلاکس

figūrėlė

ایکشن فگر

šliaužtinukai

بچے کا لباس

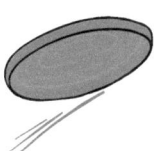

mėtymo lėkštė

فرسبی

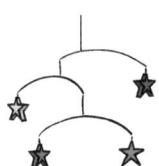

karuselė

کھلونا موبائل

stalo žaidimas

بورڈ گیم

kauliukai

ڈائنس

žaislinis traukinys

ماڈل ٹرین سیٹ

žindukas

ڈمی

vakarėlis

پارٹی

paveiksliukų knygelė

تصاویروالی کتاب

kamuolys

گیند

lėlė

گڑیا

žaisti

کھیلنا

smėlio dėžė

سینڈ پٹ

sūpynės

جھولا جھولنا

žaislai

کھلونے

žaidimų konsolė

وڈیوگیم کنسول

triratukas

تین پہیوں والی سائیکل

meškiukas

ٹیڈی بیئر

drabužių spinta

کپڑوں کی الماری

drabužis

لباس

kojinės

موزے

kojinės virš kelių

استاکنگز

pėdkelnės

ٹائٹس

šalikas
اسکارف

skėtis
چھتری

marškinėliai
ٹی شرٹ

dyžas
بیلٹ

ilgaauliai batai
بوٹ

šlepetės
سلیپر

sportbačiai
اسنیکرز

sandalai
....
سینڈل

batai
....
جوتے

guminiai batai
....
ربڑکےبوٹس

trumpikės
....
زیرجامہ

liemenėlė
....
بریزنیر

liemenė
....
واسکٹ

glaustinukė

جسم

kelnės

پتلون

džinsai

جینز

sijonas

اسکرٹ

palaidinė

بلاؤز

marškiniai

قمیض

megztinis

پُل اوور

megztinis su gobtuvu

سویٹر

švarkelis

بلیزر

švarkas

جیکٹ

paltas

کوٹ

lietpaltis

رین کوٹ

kostiumas

کونی خاص لباس

suknelė

لباس

vestuvinė suknelė

شادی کا لباس

kostiumas

سوٹ

naktiniai marškiniai

نائٹ گاؤن

pižama

پائجامہ

saris

ساڑھی

skarelė

سرپرلیا جانےوالا اسکارف

tiurbanas

پگڑی

burka

بُرقع

kaftanas

كفتان

abaja

عبایہ

naudymosi kostiumėlis

تیراکی کا سوٹ

glaudės

ٹرنک

šortai

نیکر

sportinis kostiumas

ٹریک سوٹ

prijuostė

اپرن

pirštinės

دستانے

saga

بٹن

akiniai

عینک

apyrankė

کنگن

vėrinys

ہار

žiedas

انگوٹھی

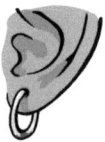

auskaras

کانوں کی بالیاں

kepurė

ٹوپی

pakabas

کوٹ ہینگر

skrybėlė

ہیٹ

kaklaraištis

ٹائی

užtrauktukas

زپ

šalmas

ہیلمٹ

breketai

بریسز

mokyklinė uniforma

سکول یونیفارم

uniforma

وردی

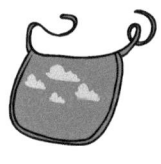

seilinukas

....

بب

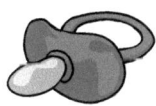

žindukas

....

ڈمی

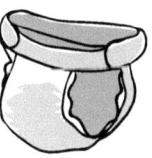

vystyklai

....

نیپی

biuras

دفتر

serveris
سرور
dokumentų spinta
فائلوں کی الماری
spausdintuvas
پرنٹر
popierius
کاغذ
vaizduoklis
مانیٹر
rašomasis stalas
میز
pelė
ماؤس
aplankas
فولڈر
klaviatūra
کی بورڈ
šiukšliadėžė
ویسٹ پیپرباسکٹ
kompiuteris
کمپیوٹر
kėdė
کُرسی

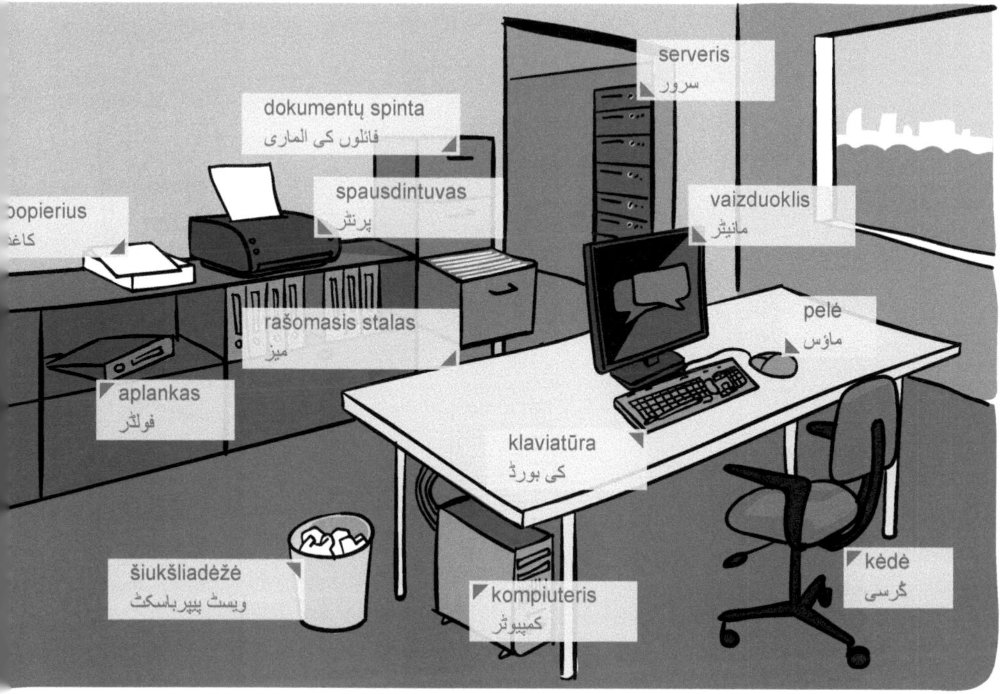

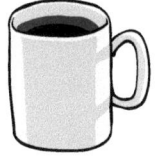

kavos puodelis

....

کافی مگ

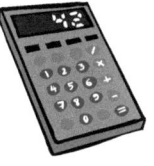

kalkuliatorius

....

کیلکولیٹر

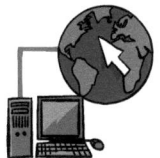

internetas

....

انٹرنیٹ

nešiojamasis kompiuteris

لیپ ٹاپ

laiškas

خط

žinutė

پیغام

mobilusis telefonas

موبائل

tinklas

نیٹ ورک

fotokopijavimo aparatas

فوٹوکاپئیر

programinė įranga

سافٹ ویئر

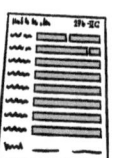

telefonas

ٹیلی فون

kištukinis lizdas

پلگ ساکٹ

faksas

فیکس مشین

forma

فارم

dokumentas

دستاویز

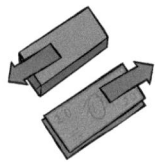

pirkti
....
خریدنا

mokėti
....
ادائیگی کرنا

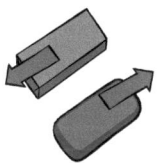

prekiauti
....
تجارت کرنا

pinigai
....
رقم

doleris
....
ڈالر

euras
....
یورو

jena
....
ین

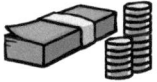

rublis
....
روبل

Šveicarijos frankas
....
سوئس فرانک

juanis
....
رینمنیبی یوآن

rupija
....
روپیہ

bankomatas
....
کیش پوائنٹ

valiutos keitykla

رقم تبدیل کرانے کیلئے دفتر

auksas

سونا

sidabras

چاندی

nafta

خام تیل

energija

توانائی

kaina

قیمت

sutartis

معاہدہ

mokestis

ٹیکس

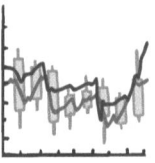

akcijos

اسٹاک

dirbti

کام کرنا

darbuotojas

ملازم

darbdavys

آجر

gamykla

فیکٹری

parduotuvė

دکان

profesijos
پیشے

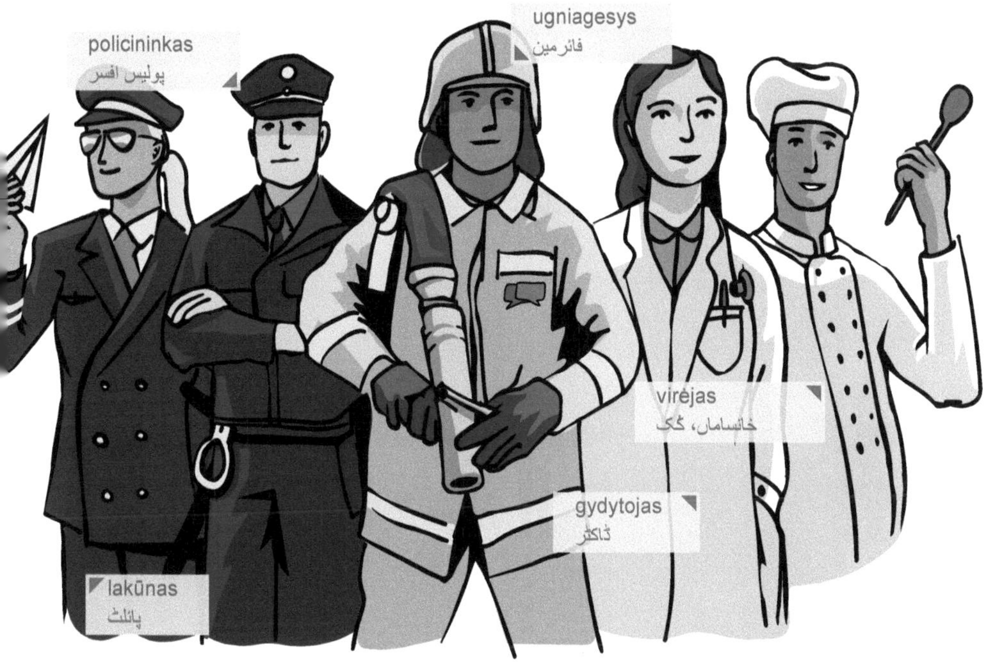
policininkas
پولیس افسر
ugniagesys
فائرمین
virėjas
خانساماں، کُک
gydytojas
ڈاکٹر
lakūnas
پائلٹ

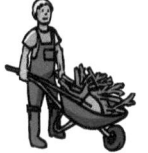

sodininkas

مالی

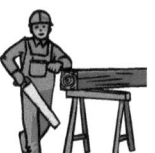

stalius

ترکھان

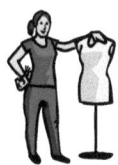

siuvėja

درزن

teisėjas

جج

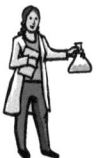

chemikas

کیمسٹ

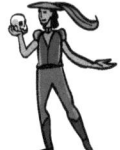

aktorius

اداکار

autobuso vairuotojas

بس ڈرائیور

taksi vairuotojas

ٹیکسی ڈرائیور

žvejys

مچھیرا

valytoja

صفائی کرنے والی عورت

stogdengys

چھت بنانے والا

padavėjas

ویٹر

medžiotojas

شکاری

dailininkas

پینٹر

kepėjas

بیکر

elektrikas

الیکٹریشین

statybininkas

بلڈر

inžinierius

انجینیر

mėsininkas

قصائی

santechnikas

پلمبر

paštininkas

ڈاکیا

kareivis

سپاہی

architektas

آرکیٹیکٹ

kasininkas

کیشیئر

gėlininkas

پھول بیچنےوالا

kirpėjas

نائی

konduktorius

کنڈکٹر

mechanikas

مکینک

kapitonas

کپتان

odontologas

ڈینٹسٹ

mokslininkas

سائنسدان

rabinas

یہودی عالم

imamas

امام

vienuolis

راہب

kunigas

پادری

įrankiai

اوزار

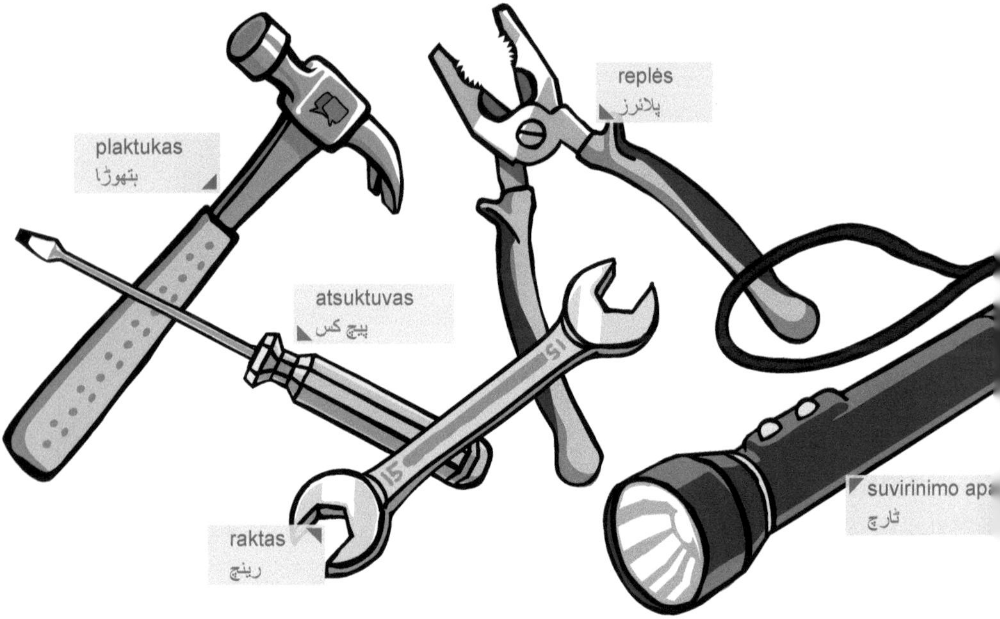
plaktukas
بتھوڑا
replės
پلائرز
atsuktuvas
پیچ کس
raktas
رینچ
suvirinimo apa
ٹارچ

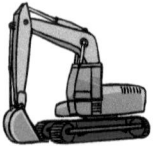

ekskavatorius

ایکسکویٹر

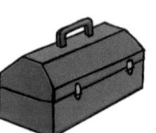

įrankių dėžė

ٹول باکس

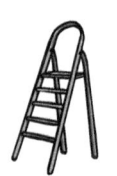

kopėčios

سیڑھی

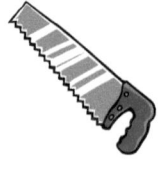

pjūklas

آری

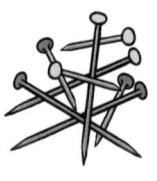

vinys

کیل

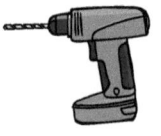

grąžtas

ڈرل

taisyti

مرمت کرنا

kastuvas

بیلچہ

Velniava!

لعنت ہو!

semtuvėlis

ڈسٹ پین

dažų skardinė

پینٹ پاٹ

varžtai

پیچ

muzikos instrumentai

آلات موسیقی

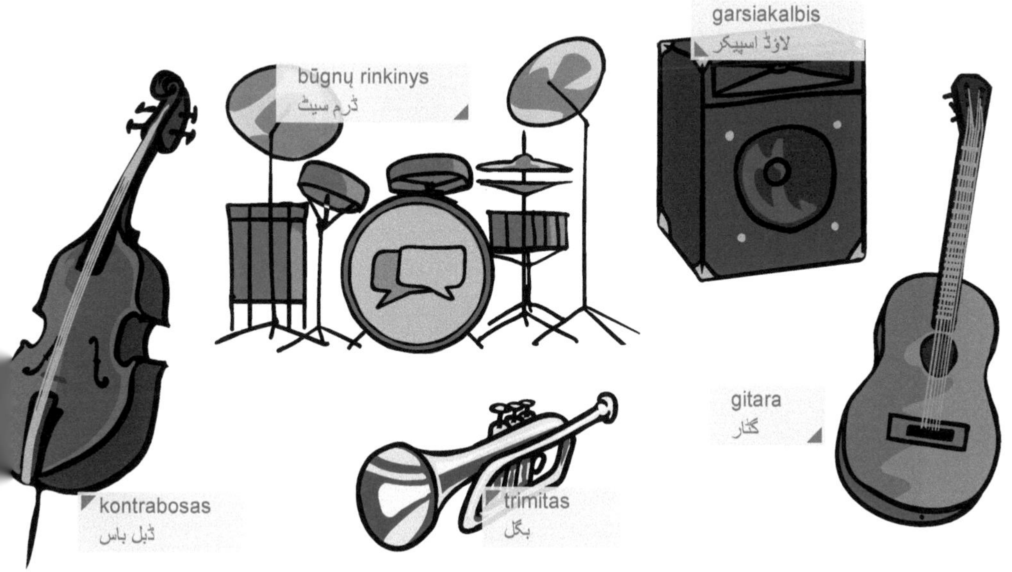

garsiakalbis

لاؤڈ اسپیکر

būgnų rinkinys

ڈرم سیٹ

gitara

گٹار

kontrabosas

ڈبل باس

trimitas

بگل

pianinas

پيانو

smuikas

وائلن

bosinė gitara

موسیقی کی آواز

timpanas

ٹمپانی

būgnai

ڈھول، ڈرمز

sintezatorius

کی بورڈ

saksofonas

سیکسوفون

fleita

بانسری

mikrofonas

مائیکروفون

tigras
چیتا

narvas
پنجرہ

zebras
زیبرا

gyvūnų pašaras
جانوروں کا چارہ

jėjimas
داخلے کا راستہ

panda
پانڈا

gyvūnai

جانور

dramblys

ہاتھی

kengūra

کینگرو

raganosis

گینڈا

gorila

گوریلا

meška

ریچھ

kupranugaris

اونٹ

strutis

شُترمُرغ

liūtas

شیر

beždžionė

بندر

flamingas

فلیمنگو

papūga

طوطا

baltoji meška

قطبی ریچھ

pingvinas

کبوتر

ryklys

شارک

povas

مور

gyvatė

سانپ

krokodilas

مگرمچھ

zoologijos sodo prižiūrėtojas

چڑیا گھر کا محافظ

ruonis

سیل

jaguaras

امریکی تیندوا

ponis

ٹٹو

leopardas

چیتا

begemotas

دریائی گھوڑا

žirafa

زرافہ

erelis

عقاب

šernas

سؤر

žuvis

مچھلی

vėžlys

کچھوا

vėplys

سمندری گھوڑا

lapė

لومڑی

gazelė

غزال ہرن

amerikietiškas futbolas
امریکن فٹ بال

dviračių sportas
سائیکلنگ

tenisas
ٹینس

krepšinis
باسکٹ بال

plaukimas
پیراکی

ledo ritulys
آئس ہاکی

boksas
باکسنگ

futbolas
فٹ بال

badmintonas
بیڈمنٹن

atletika
اتھلیٹکس

rankinis
ہینڈ بال

slidinėjimas
اسکیننگ

polas
پولو

užsiėmimai

سرگرمیاں

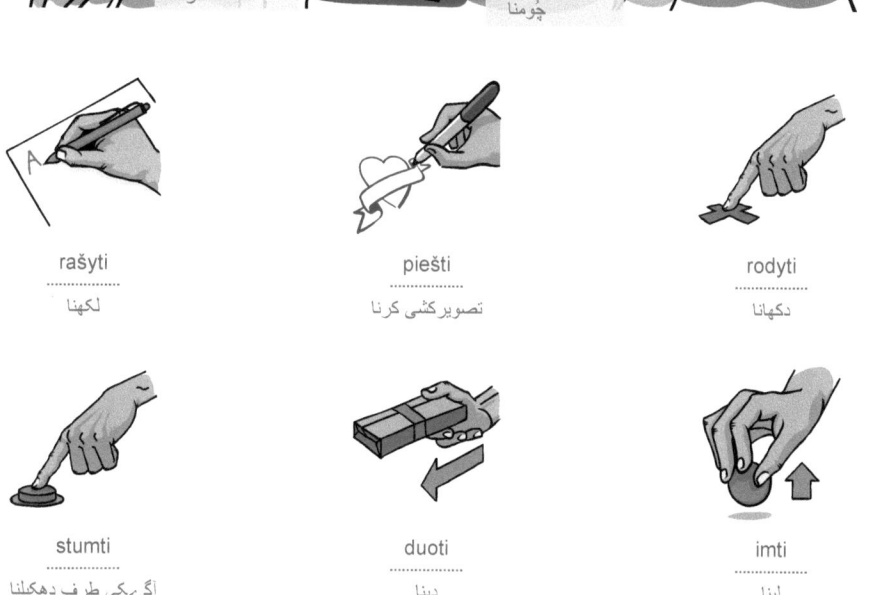

inėti
چھلانگ
apkabinti
گلے لگانا
juoktis
ہنسنا
vaikščioti
چلنا
dainuoti
گانا
svajoti
خواب دیکھنا
melstis
دُعا کرنا
bučiuoti
چُومنا

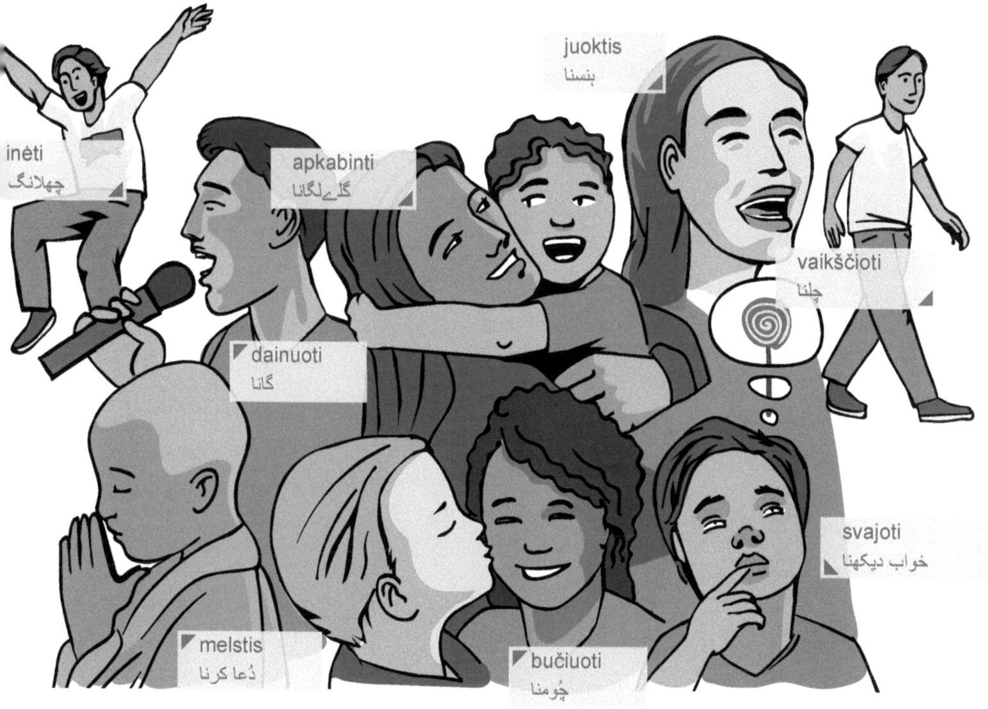

rašyti

لکھنا

piešti

تصویرکشی کرنا

rodyti

دکھانا

stumti

آگےکی طرف دھکیلنا

duoti

دینا

imti

لینا

turėti

رکھنا

daryti

کرنا

būti

ہونا

stovėti

کھڑا ہونا

bėgti

دوڑنا

traukti

کھینچنا

mesti

پھینکنا

kristi

گرنا

meluoti

جھوٹ بولنا

laukti

انتظارکرنا

nešti

اٹھانا

sėdėti

بیٹھنا

rengtis

ملبوس ہونا

miegoti

سونا

pabusti

جاگنا

žiūrėti

دیکھنا

verkti

رونا

glostyti

چوٹ لگانا

šukuoti

کنگھی کرنا

kalbėti

بات کرنا

suprasti

سمجھنا

paklausti

پوچھنا

klausytis

مُتَوجہ ہونا

gerti

پینا

valgyti

کھانا

tvarkytis

صاف کرنا

mylėti

پیار کرنا

gaminti

پکانا

vairuoti

گاڑی چلانا

skristi

اڑنا

buriuoti

بحری سفرکرنا

skaičiuoti

شمارکریں

skaityti

پڑھنا

mokytis

سیکھنا

dirbti

کام کرنا

vesti

شادی کرنا

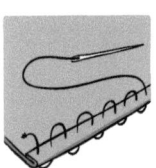

siūti

سینا

valytis dantis

دانت صاف کرنا

žudyti

جان سےماردینا

rūkyti

تمباکونوشی کرنا

siųsti

بھیجنا

šeima

خاندان

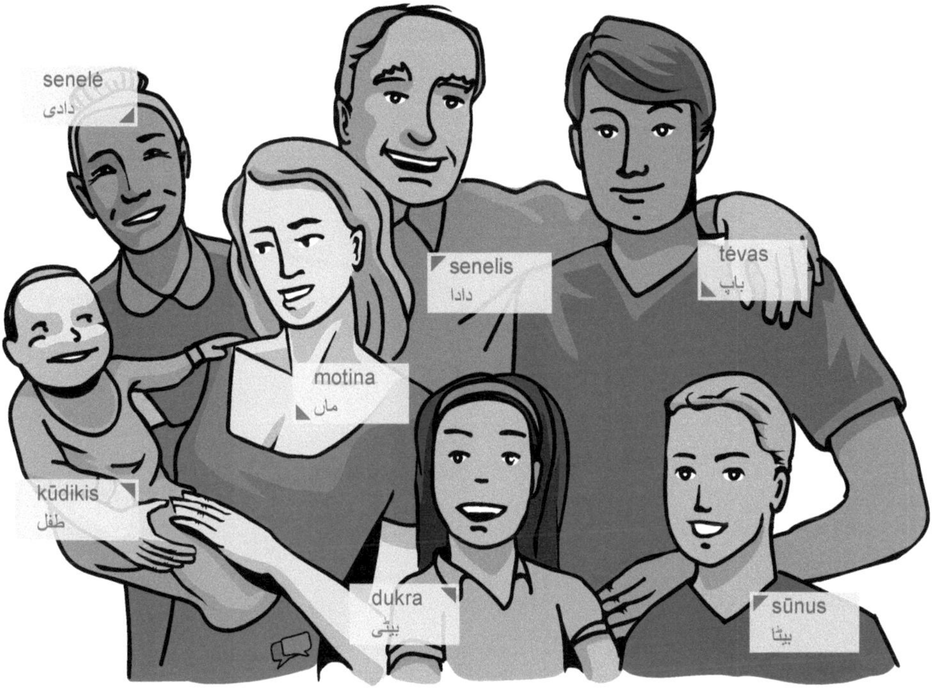
senelė
دادی
senelis
دادا
tėvas
باپ
motina
ماں
kūdikis
طفل
dukra
بیٹی
sūnus
بیٹا

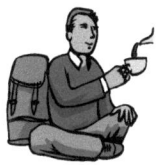

svečias

....

مہمان

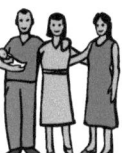

teta

....

چچی

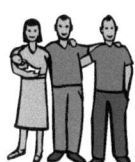

dėdė

....

چچا

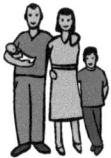

brolis

....

بھائی

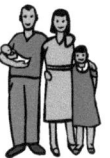

sesuo

....

بہن

kūnas

جسم

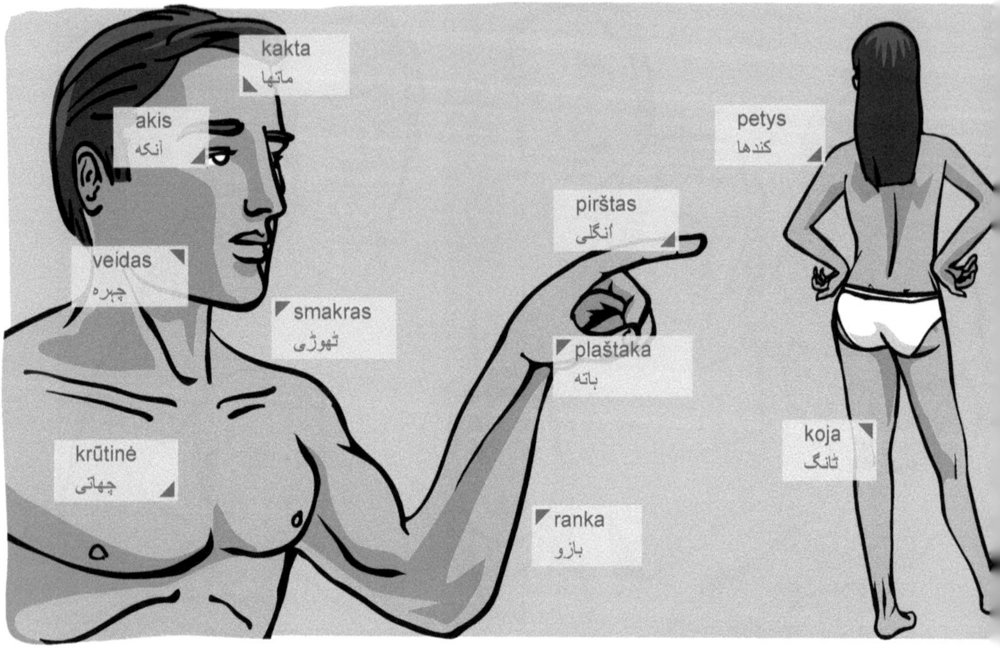

kakta
ماتھا
akis
آنکھ
petys
کندھا
pirštas
انگلی
veidas
چہرہ
smakras
ٹھوڑی
plaštaka
ہاتھ
koja
ٹانگ
krūtinė
چھاتی
ranka
بازو

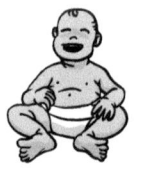

kūdikis

طفل

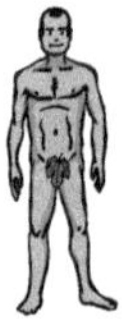

vyras

آدمی

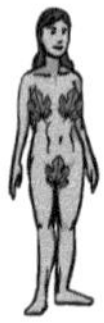

moteris

عورت

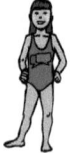

mergaitė

لڑکی

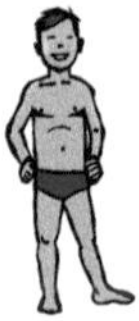

berniukas

لڑکا

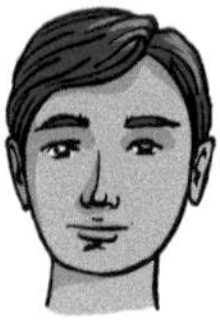

galva

سر

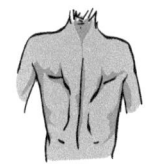

nugara

کمر

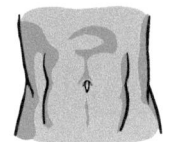

pilvas

پیٹ

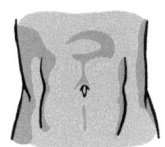

bamba

ناف

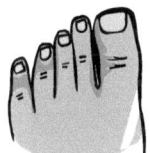

kojos pirštas

پاؤں کا انگوٹھا

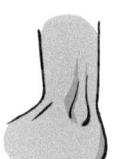

kulnas

ایڑھی

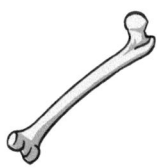

kaulas

ہڈی

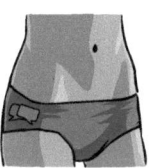

klubas

کولہا

kelis

گھٹنا

alkūnė

کہنی

nosis

ناک

sėdmenys

نچلا حصہ

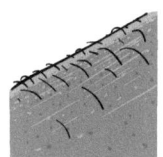

oda

جلد

skruostas

گال

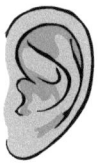

ausis

کان

lūpa

ہونٹ

burna

مُنہ

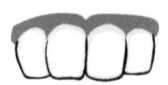

dantis

دانت

liežuvis

زبان

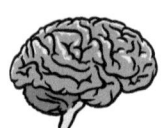

smegenys

دماغ

širdis

دل

raumuo

پٹھہ

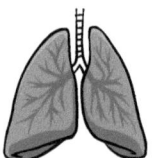

plaučiai

پھیپھڑا

kepenys

جگر

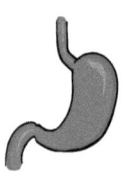

skrandis

معدہ

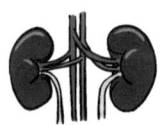

inkstai

گردے

seksas

جنس

prezervatyvas

کنڈوم

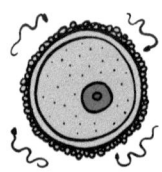

kiaušialąstė

بیضہ

sperma

مادہ منویہ

nėštumas

حمل

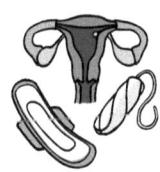

menstruacijos

حيض

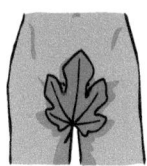

makštis

اندام نهانی

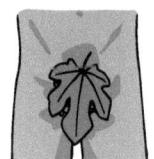

varpa

عضوتناسل

antakis

بھنویں

plaukai

بال

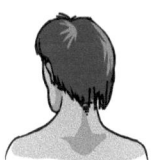

kaklas

گردن

ligoninė

ہسپتال

ligoninė
ہسپتال
greitosios pagalbos automobilis
ایمبولینس
invalidų vežimėlis
وہیل چیئر
lūžis
ہڈی ٹوٹنا

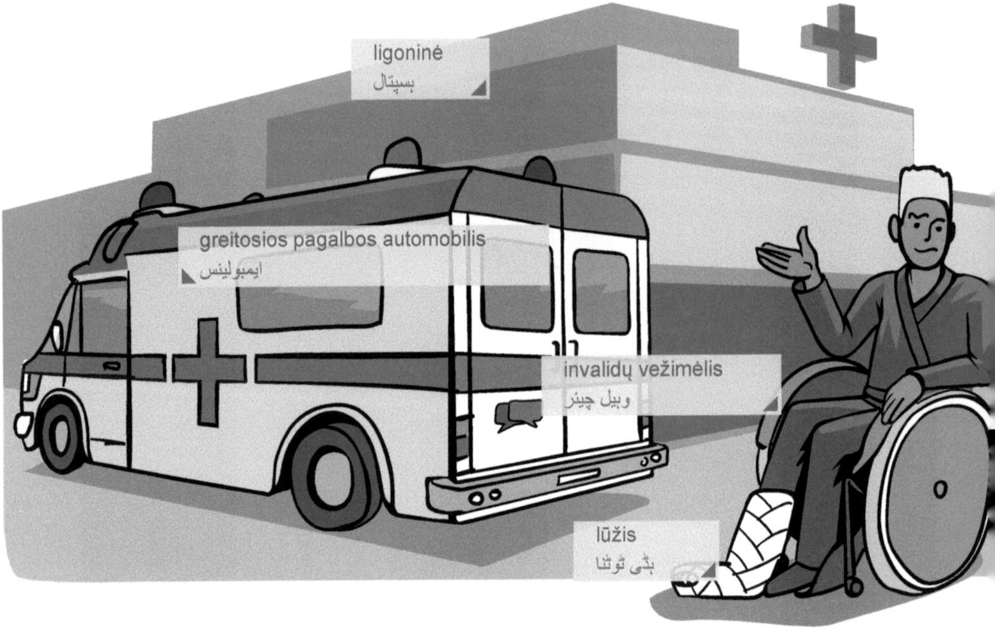

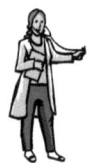

gydytojas

ڈاکٹر

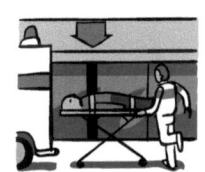

skubios pagalbos skyrius

ہنگامی کمرہ

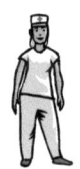

slaugytoja

نرس

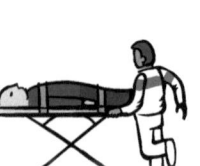

nelaimingas atsitikimas

ہنگامی صورتحال

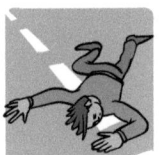

be sąmonės

بےہوش

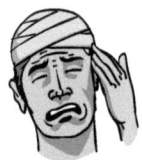

skausmas

درد

sužalojimas

زخم

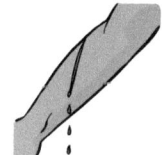

kraujavimas

خون بہنا

širdies smūgis

دل کا دورہ

insultas

فالج

alergija

الرجی

kosulys

کھانسی

karščiavimas

بخار

gripas

زکام

viduriavimas

اسہال

galvos skausmas

سردرد

vėžys

کینسر

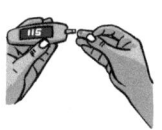

diabetas

ذیابیطس

chirurgas

سرجن

skalpelis

نشتر

operacija

آپریشن

KT

سی ٹی

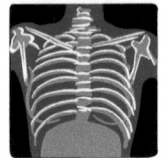

rentgenas

ایکس رے

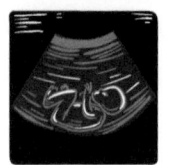

ultragarsas

الٹراساؤنڈ

veido kaukė

چہرے کا نقاب

liga

بیماری

laukiamasis

انتظار گاہ

ramentas

بیساکھی

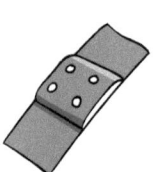

gipsas

پلاسٹر

tvarstis

پٹی

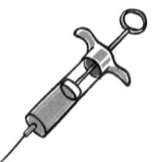

injekcija

انجکشن

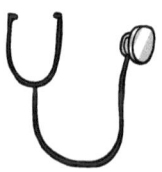

stetoskopas

اسٹیتھو اسکوپ

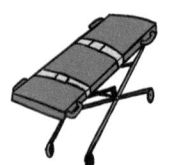

neštuvai

اسٹریچر

termometras

مطبی تھرما میٹر

gimimas

پیدائش

antsvoris

حد سےزیادہ وزن

klausos aparatas

آلہ سماعت

dezinfekavimo priemonė

جراثیم کش

infekcija

انفیکشن

virusas

وائرس

ŽIV / AIDS

ایچ آئی وی/ ایڈز

vaistas

دوا

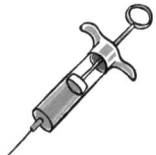

skiepijimas

ویکسی نیشن

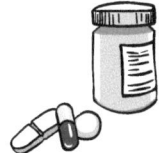

tabletės

گولیاں

piliulė

گولی

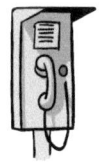

ubios pagalbos numeris

ہنگامی کال

kraujospūdžio matuoklis

بلڈ پریشرمانیٹر

ligotas / sveikas

بیمار / صحتمند

Padėkite!

مدد!

pavojaus signalas

الارم

užpuolimas

مُجرمانہ حملہ

ataka

حملہ

pavojus

خطرہ

avarinis išėjimas

ہنگامی راستہ

Gaisras!

آگ!

gesintuvas

آگ بُجھانے والہ آلہ

nelaimingas atsitikimas

حادثہ

pirmosios pagalbos rinkinys

ابتدائی طبی امداد کی کٹ

SOS

ایس او ایس

policija

پولیس

Europa

یورپ

Šiaurės Amerika

شمالی امریکہ

Pietų Amerika

جنوبی امریکہ

Afrika

افریقہ

Azija

ایشیا

Australija

آسٹریلیا

Atlanto vandenynas

بحراوقیانوس

Ramusis vandenynas

بحرالکاہل

Indijos vandenynas

بحرہند

Pietų vandenynas

بحرقطب جنوبی

Arkties vandenynas

بحرقطب شمالی

Šiaurės ašigalis

قطب شمالی

Pietų ašigalis

قُطب جنوبى

Antarktida

انٹارکٹیکا

Žemė

زمین

sausuma

زمین

jūra

سمندر

sala

جزیرہ

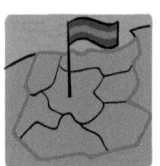

tauta

قوم

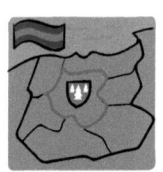

valstybė

ریاست

ciferblatas

کلاک کا سامنے کا حصہ

valandinė rodyklė

گھنٹوں والی سوئی

minutinė rodyklė

منٹوں والی سوئی

sekundinė rodyklė

سیکنڈ بینڈ

Kiek valandų?

کیا وقت ہوا ہے؟

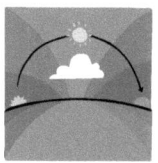

diena

دن

laikas

وقت

dabar

اب

skaitmeninis laikrodis

ڈیجیٹل گھڑی

minutė

منٹ

valanda

گھنٹہ

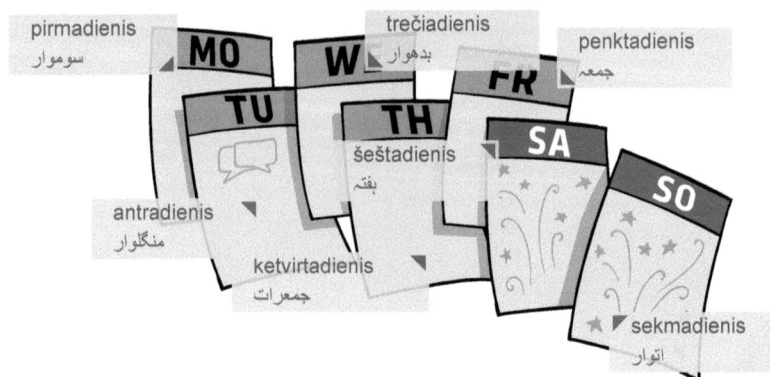

pirmadienis
سوموار
MO

trečiadienis
بدھوار
W

penktadienis
جمعہ
FR

TU

TH

šeštadienis
ہفتہ

SA

antradienis
منگلوار

ketvirtadienis
جمعرات

SO

sekmadienis
اتوار

vakar

گزرا کل

šiandien

آج

rytoj

کل

rytas

صبح

vidurdienis

دوپہر

vakaras

شام

MO	TU	WE	TH	FR	SA	SU
1	2	3	4	5	6	7
8	9	10	11	12	13	14
15	16	17	18	19	20	21
22	23	24	25	26	27	28
29	30	31	1	2	3	4

darbo dienos

کاروباری دن

MO	TU	WE	TH	FR	SA	SU
1	2	3	4	5	6	7
8	9	10	11	12	13	14
15	16	17	18	19	20	21
22	23	24	25	26	27	28
29	30	31	1	2	3	4

savaitgalis

ہفتےکا اختتام

metai
سال

lietus
بارش
vaivorykštė
قوس قزح
sniegas
برف
vėjas
ہوا
pavasaris
بہار
ruduo
خزاں
vasara
موسم گرما
žiema
موسم سرما

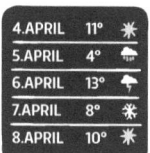

4.APRIL 11°
5.APRIL 4°
6.APRIL 13°
7.APRIL 8°
8.APRIL 10°

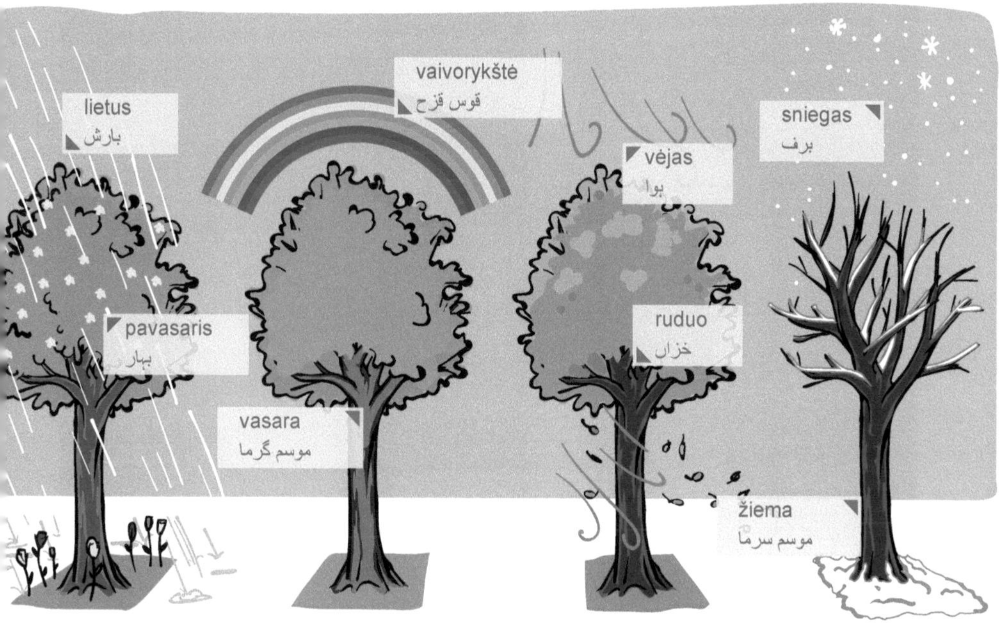

orų prognozė
موسمی پیش گوئی

F C
120 40
90 30
60 20
30 10
0 0
-30 -10
-20

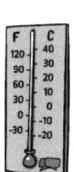

lauko termometras
تھرما میٹر

saulės šviesa
دھوپ

debesis
بادل

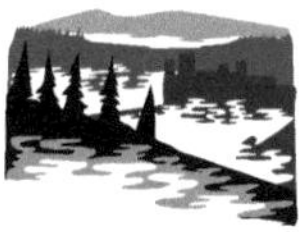

rūkas
دُھند

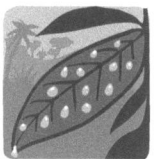

drėgmė
حبس

žaibas

بجلی کوندھنا

griaustinis

بادلوں کی گرج

audra

طوفان

kruša

ژالہ باری

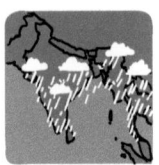

musonas

مون سون

potvynis

سیلاب

ledas

برف

sausis

جنوری

vasaris

فروری

kovas

مارچ

balandis

اپریل

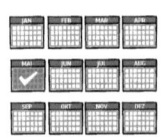

gegužė

مئی

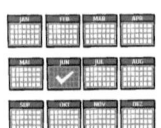

birželis

جون

liepa

جولائی

rugpjūtis

اگست

rugsėjis

....

ستمبر

spalis

....

اكتوبر

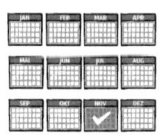

lapkritis

....

نومبر

gruodis

....

دسمبر

apskritimas

....

دائره

kvadratas

....

چوكور

stačiakampis

....

مُستطيل

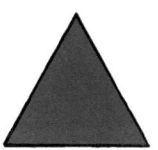

trikampis

....

تكون

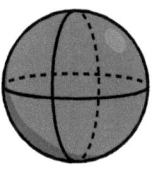

sfera

....

گره

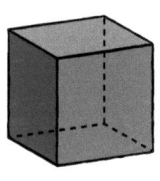

kubas

....

مكعب

balta

سفید

geltona

پیلا

oranžinė

نارنجی

rožinė

گلابی

raudona

سُرخ

violetinė

جامنی

mėlyna

نیلا

žalia

سبز

ruda

بھورا

pilka

مٹیالا

juoda

سیاہ

daug / mažai

بہت زیادہ / بہت کم

piktas / ramus

ناراض / پُرسکون

gražus / bjaurus

خوبصورت / بدصورت

pradžia / pabaiga

آغاز / اختتام

didelis / mažas

بڑا / چھوٹا

šviesus / tamsus

روشن / اندھیرا

brolis / sesuo

بھائی / بہن

švarus / purvinas

صاف / گندا

užbaigtas / neužbaigtas

مکمل / نامکمل

diena / naktis

دن / رات

miręs / gyvas

زندہ / مُردہ

platus / siauras

چوڑا / تنگ

valgomas / nevalgomas

کھانے کے قابل ہونا / کھانے کے قابل نہ ہونا

piktas / malonus

بُرا / اچھا

linksmas / nuobodus

پُرجوش / بوریت کا شکار

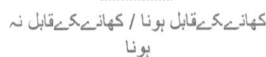

storas / plonas

موٹا / دُبلا

pirmiausia / paskiausia

پہلا / آخری

draugas / priešas

دوست / دُشمن

pilnas / tuščias

بھرا ہوا / خالی

kietas / minkštas

سخت / نرم

sunkus / lengvas

بوجھل / ہلکا

alkis / troškulys

بھوک / پیاس

ligotas / sveikas

بیمار / صحتمند

nelegalus / legalus

غیرقانونی / قانونی

protingas / kvailas

عقلمند / بیوقوف

kairė / dešinė

بائیں / دائیں

arti / toli

نزدیک / دور

naujas / naudotas

نیا / پُرانا

niekas / kažkas

کچھ نہیں / کچھ ہے

senas / jaunas

بوڑھا / نوجوان

jjungta / išjungta

آن / آف

atidaryta / uždaryta

کُھلا / بند

tylus / garsus

خاموش / بُلند آواز

turtingas / vargšas

امیر / غریب

teisus / neteisus

ٹھیک / غلط

šiurkštus / švelnus

کھُردرا / ہموار

liūdnas / laimingas

افسردہ / خوش

trumpas / ilgas

مُختَصر / طویل

lėtas / greitas

آہستہ / تیز

drėgnas / sausas

گیلا / خُشک

šiltas / šaltas

گرم / ٹھنڈا

karas / taika

جنگ / امن

0

nulis

صفر

1

vienas

ایک

2

du

دو

3

trys

تین

4

keturi

چار

5

penki

پانچ

6

šeši

چھ

7

septyni

سات

8

aštuoni

آٹھ

9

devyni

نو

10

dešimt

دس

11

vienuolika

گیاره

12

dvylika

باره

13

trylika

تيره

14

keturiolika

چوده

15

penkiolika

پندره

16

šešiolika

سوله

17

septyniolika

ستره

18

aštuoniolika

اتهاره

19

devyniolika

أنيس

20

dvidešimt

بيس

100

šimtas

سو

1.000

tūkstantis

بزار

1.000.000

milijonas

دس لاكه

anglų

انگریزی

amerikiečių anglų

امریکی انگریزی

kinų (mandarinų)

چینی مینڈارین

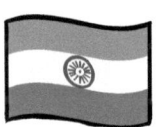

hindi

ہندی

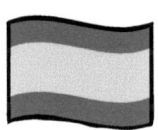

ispanų

ہسپانوی

prancūzų

فرانسیسی

arabų

عربی

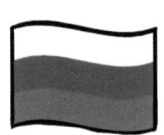

rusų

روسی

portugalų

پُرتگالی

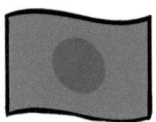

bengalų

بنگالی

vokiečių

جرمن

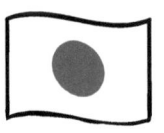

japonų

جاپانی

aš

میں

tu

تم

jis / ji

وہ (لڑکا) / وہ (لڑکی) / یہ

mes

ہم

jūs

تم

jie

وہ

kas?

کون؟

ką?

کیا؟

kaip?

کیسے؟

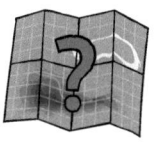

kur?

کہاں؟

kada?

کب؟

vardas

نام

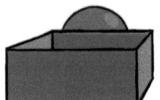

už
....
پیچھے

kur (vieta)
....
میں

priešais
....
کےسامنے

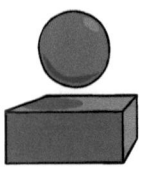

virš
....
اوپر

ant
....
پر

po
....
نیچے

prie
....
ساتھ

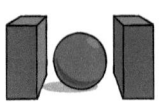

tarp
....
درمیان

vieta
....
جگہ